Impressum
Verlag: BABADADA GmbH, Nedderfeld 112 , 22529 Hamburg
Geschäftsführer / Verlagsleitung: Harald Hof
Druck: Books on Demand GmbH, In de Tarpen 42, 22848 Norderstedt

Imprint
Publisher: BABADADA GmbH, Nedderfeld 112 , 22529 Hamburg, Germany
Managing Director / Publishing direction: Harald Hof
Print: Books on Demand GmbH, In de Tarpen 42, 22848 Norderstedt, Germany

escola
школа

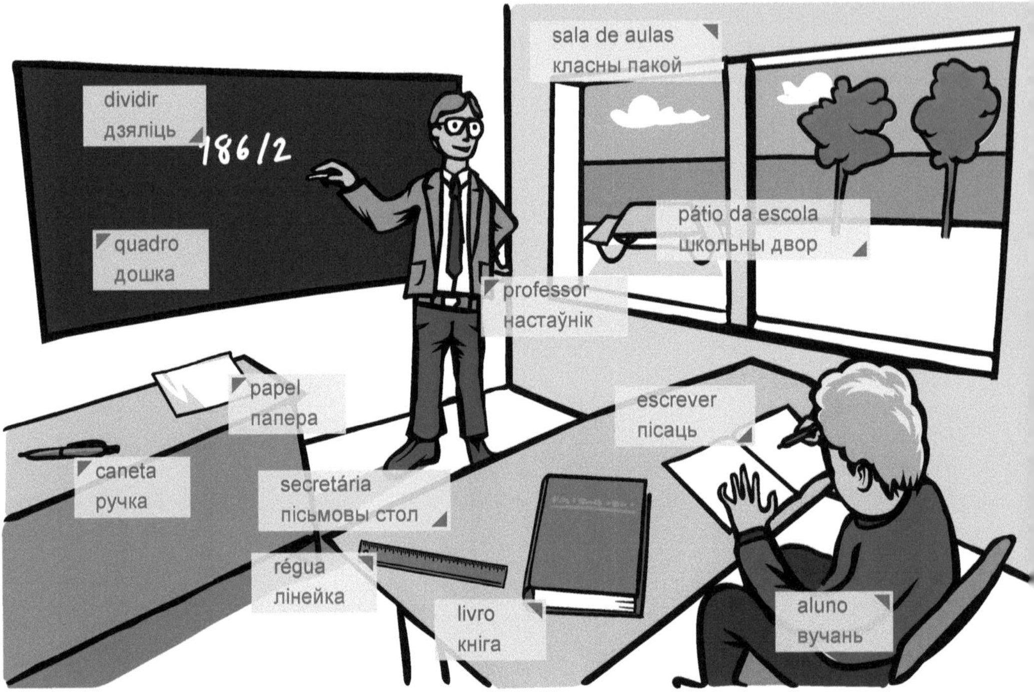

sala de aulas
класны пакой
dividir
дзяліць
186/2
quadro
дошка
pátio da escola
школьны двор
professor
настаўнік
papel
папера
escrever
пісаць
caneta
ручка
secretária
пісьмовы стол
régua
лінейка
livro
кніга
aluno
вучань

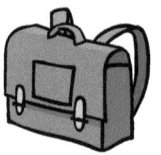

mochila

ранец

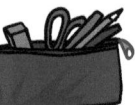

estojo de lápis

пенал

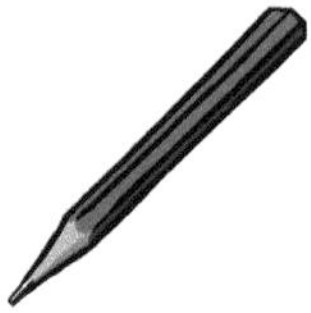

lápis

просты аловак

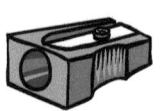

afia-lápis

тачылка для алоўкаў

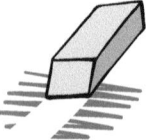

borracha

гумка

bloco de desenho

альбом для малявання

desenho

малюнак

pincel

пэндзлік

caixa de tintas

фарбы

tesoura

нажніцы

cola

клей

livro de exercícios

сшытак

trabalhos de casa

хатняе заданне

número

лік

somar

дадаваць

subtrair

адымаць

multiplicar

множыць

calcular

лічыць

letra

літара

alfabeto

алфавіт

palavra

слова

texto

тэкст

ler

чытаць

giz

крэйда

hora

ўрок

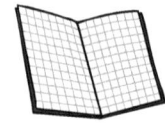

registo de presenças

класны журнал

exame

экзамен

certificado

атэстат

uniforme escolar

школьная форма

educação

адукацыя

enciclopédia

энцыклапедыя

universidade

універсітэт

microscópio

мікраскоп

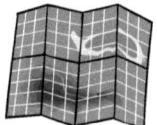

mapa

карта

cesto de lixo

смеццевы кошык

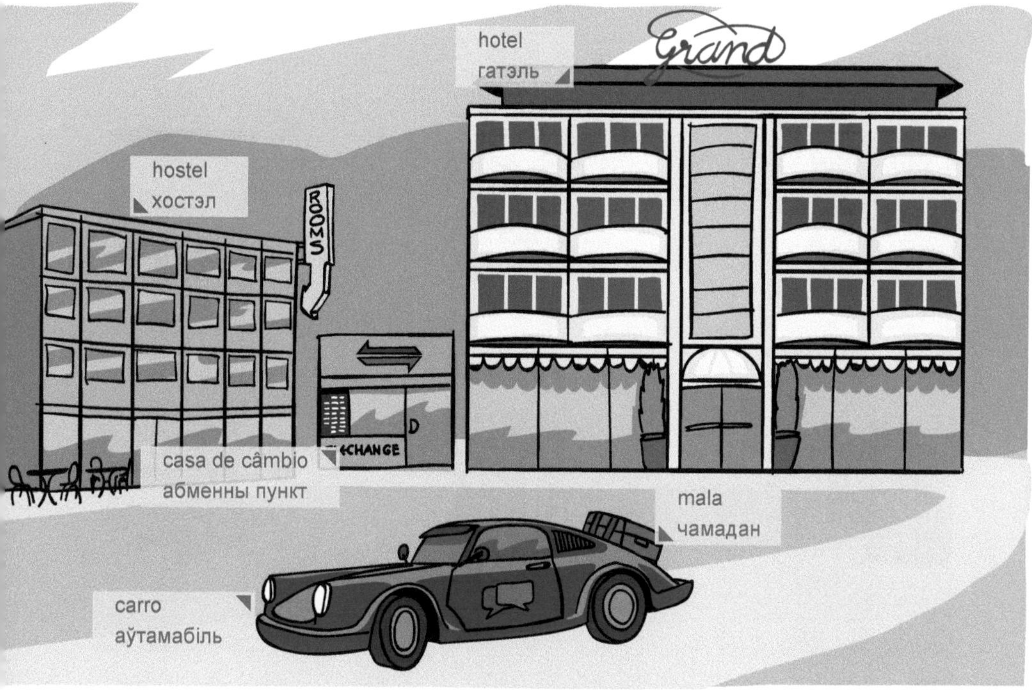

hotel
гатэль
Grand
hostel
хостэл
ROOMS
casa de câmbio
абменны пункт
EXCHANGE
mala
чамадан
carro
аўтамабіль

idioma
мова

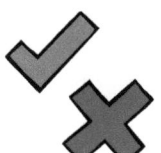

sim / não
так / не

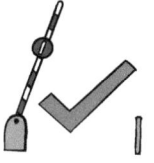

ok / certo / correto
добра

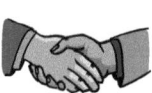

olá
прывітанне!

intérprete
перакладчык

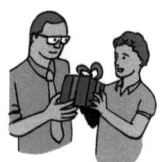

obrigado
дзякуй

quanto é que custa... ?

Колькі каштуе....?

não entendo

я не разумею

problema

праблема

boa noite!

Добры вечар!

Bom dia!

Добрай раніцы!

Boa noite!

Дабранач!

adeus

да пабачэння

direção

кірунак

bagagem

багаж

saco

сумка

mochila

заплечнік

convidado

госць

quarto

пакой

saco-cama

спальны мяшок

tenda

палатка

informação turística

інфармацыя для турыстаў

praia

пляж

cartão de crédito

крэдытная картка

pequeno-almoço

снеданне

almoço

абед

jantar

вячэра

bilhete

праязны білет

elevador

ліфт

selo postal

паштовая марка

fronteira

мяжа

alfândega

мытня

embaixada

пасольства

visto

віза

passaporte

пашпарт

transporte
транспарт

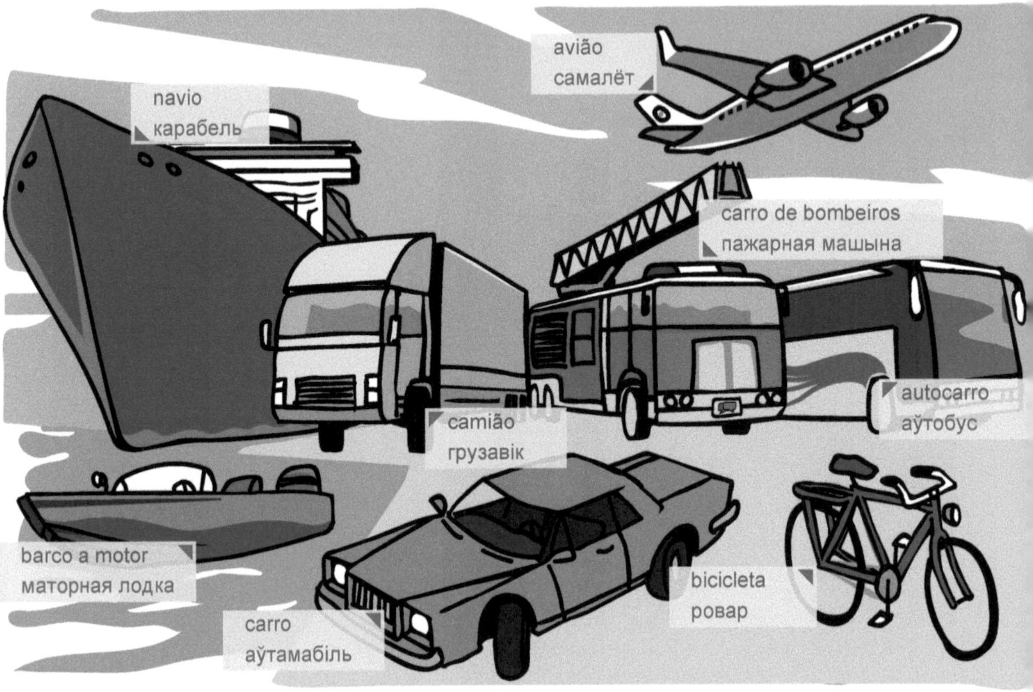
avião
самалёт
navio
карабель
carro de bombeiros
пажарная машына
autocarro
аўтобус
camião
грузавік
barco a motor
маторная лодка
bicicleta
ровар
carro
аўтамабіль

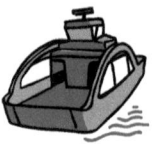

cacilheiro

паром

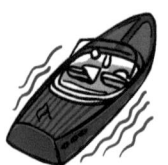

barco

лодка

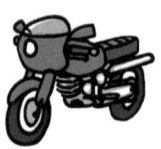

mota

матацыкл

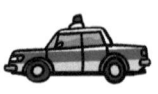

carro de polícia

паліцэйская машына

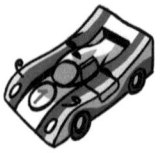

carro de corrida

гоначны аўтамабіль

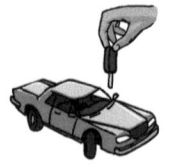

carro alugado

арэндаваны аўтамабіль

carsharing

сумеснае карыстанне
аўтамабілем

camião de reboque

эвакуатар

camião do lixo

смеццявоз

motor

матор

combustível

паліва

estação de serviço

запраўка

sinal de trânsito

дарожны знак

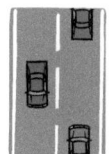

trânsito

дарожны рух

congestionamento de
trânsito

затор

parque de estacionamento

паркоўка

estação ferroviária

чыгуначная станцыя

carris

рэйкі

comboio

цягнік

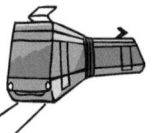

elétrico

трамвай

carruagem

вагон

helicóptero

верталёт

aeroporto

аэрапорт

torre

вежа

passageiro

пасажыр

contentor

кантэйнер

caixa de papelão

кардонная скрыня

carrinho

тачка

cesto

карзіна

levantar voo / aterrar

ўзлятаць / прызямляцца

cidade

горад

aldeia

вёска

centro da cidade

цэнтр горада

casa

дом

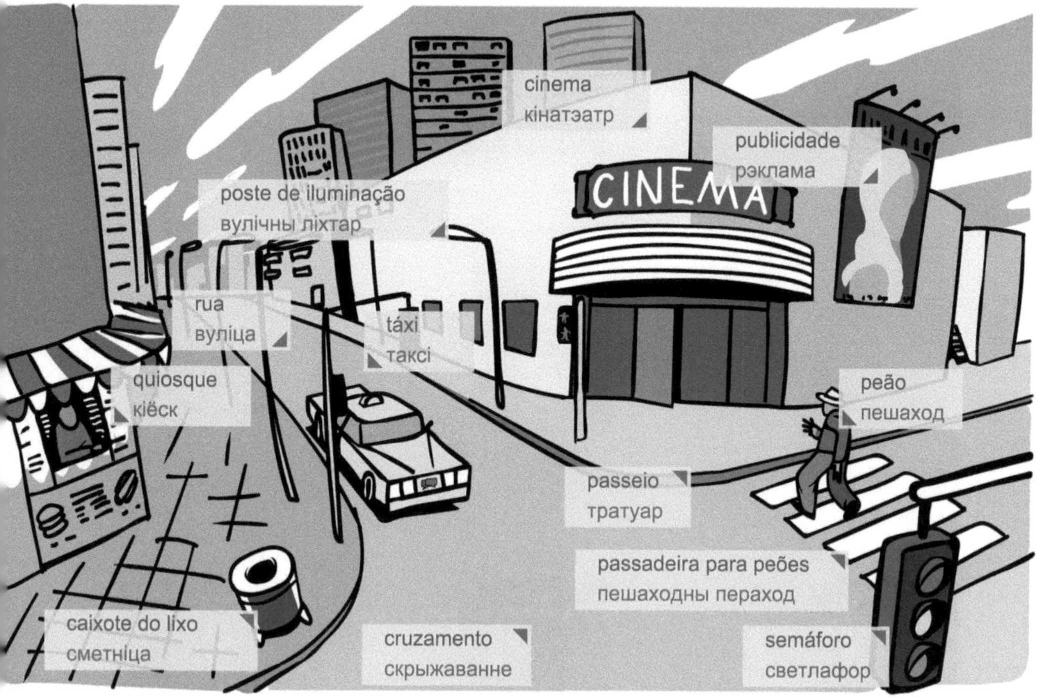

cinema
кінатэатр

publicidade
рэклама

poste de iluminação
вулічны ліхтар

CINEMA

rua
вуліца

táxi
таксі

peão
пешаход

quiosque
кіёск

passeio
тратуар

passadeira para peões
пешаходны пераход

caixote do lixo
сметніца

cruzamento
скрыжаванне

semáforo
светлафор

cabana

халупа

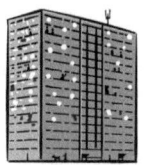

apartamento

кватэра

estação ferroviária

чыгуначная станцыя

câmara municipal

ратуша

museu

музей

escola

школа

cidade - горад

universidade

універсітэт

banco

банк

hospital

шпіталь

hotel

гатэль

farmácia

аптэка

escritório

офіс

livraria

кнігарня

loja

крама

florista

кветкавая крама

supermercado

супермаркет

mercado

кірмаш

loja de departamentos

універмаг

peixaria

рыбная крама

centro comercial

гандлевы цэнтр

porto

порт

parque

парк

banco

лава

ponte

мост

escadas

лесвіца

metro

метро

túnel

тунэль

paragem de autocarro

прыпынак

bar

бар

restaurante

рэстаран

caixa de correio

паштовая скрыня

sinal de trânsito

вулічны паказальнік

parquímetro

паркамат

jardim zoológico

заапарк

piscina

басейн

mesquita

мячэць

quinta

сядзіба

poluição

забруджванне
навакольнага асяроддзя

cemitério

могілкі

igreja

царква

parque infantil

пляцоўка для гульні

templo

храм

paisagem

краявід

folha
ліст

placa de sinalização
паказальнік

caminho
дарога

prado
луг

pedra
камень

árvore
дрэва

caminhantes
падарожнік

rio
рака

relva
трава

flor
кветка

vale

даліна

montanha

гара

lago

возера

floresta

лес

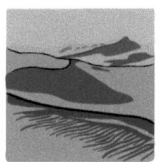

deserto

пустыня

vulcão

вулкан

castelo

замак

arco-íris

вясёлка

cogumelo

грыб

palma

пальма

mosquito

камар

mosca

муха

formiga

мурашка

abelha

пчала

aranha

павук

besouro

жук

sapo

жаба

esquilo

вавёрка

ouriço

вожык

lebre

заяц

coruja

сава

pássaro

птушка

cisne

лебедзь

javali

дзік

veado

алень

alce

лось

barragem

плаціна

turbina eólica

вятрак

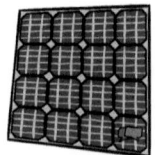

painel solar

сонечная батарэя

clima

клімат

restaurante

рэстаран

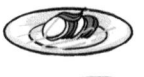

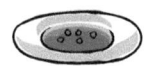

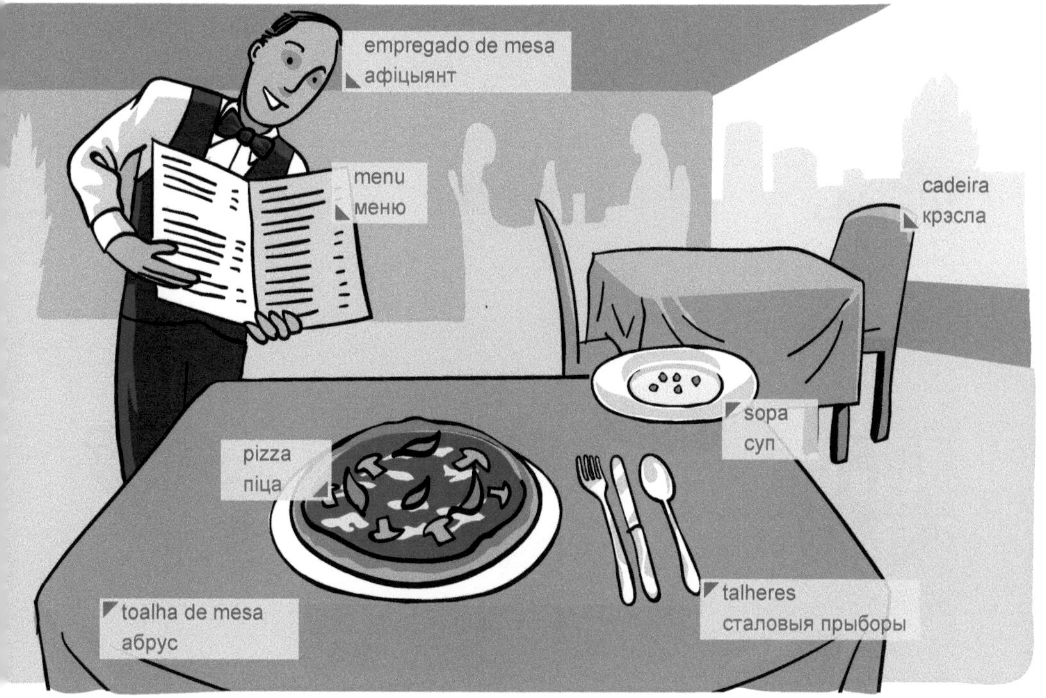

empregado de mesa
афіцыянт
menu
меню
cadeira
крэсла
sopa
суп
pizza
піца
talheres
сталовыя прыборы
toalha de mesa
абрус

entrada

закуска

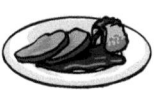

prato principal

другая страва

sobremesa

дэсерт

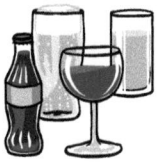

bebidas

напоі

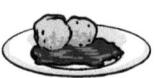

comida

ежа

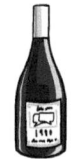

garrafa

бутэлька

fast food

хуткае харчаванне (фаст-фуд)

comida de rua

стрыт-фуд

bule de chá

імбрык (чайнік)

açucareiro

цукарніца

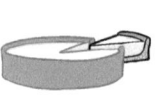

porção

порцыя

máquina de café expresso

эспрэса-машына

cadeira alta

дзіцячае крэселка

conta

рахунак

bandeja

паднос

faca

нож

garfo

відэлец

colher

лыжка

colher de chá

чайная лыжка

guardanapo

сурвэтка

copo

шклянка

prato

талерка

prato de sopa

супавая талерка

pires

сподак

molho

соус

saleiro

сальніца

moinho de pimenta

млынок для перцу

vinagre

воцат

óleo

алей

especiarias

спецыі

ketchup

кетчуп

mostarda

гарчыца

maionese

маянэз

supermercado

супермаркет

oferta especial
акцыя
cliente
пакупнік
FOR
laticínios
малочныя прадукты
fruta
садавіна
carrinho de compras
вазок

BUTCHERS

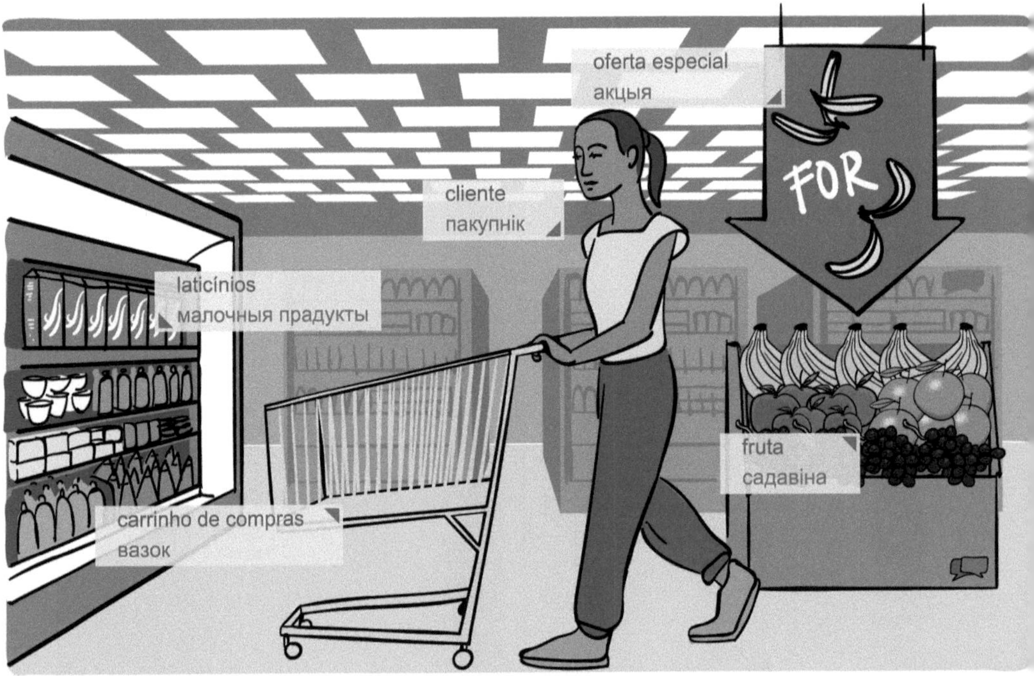

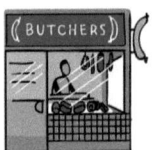

talho

мясная крама

BAKERY

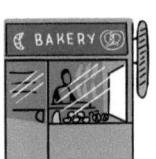

padaria

хлебны магазін

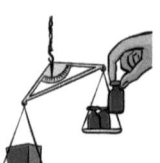

pesar

важыць

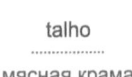

vegetais

гароднiна

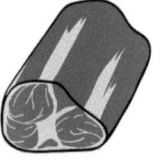

carne

мяса

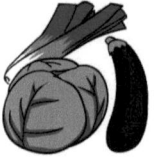

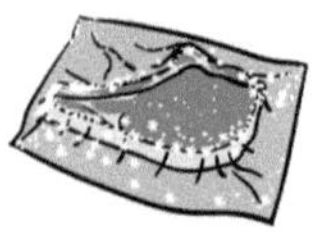

alimentos congelados

свежазамарожаныя прадукты

charcutaria

нарэзка

comida enlatada

кансервы

detergente em pó

пральны парашок

doces

прысмакі

artigos domésticos

хатнія прылады

produtos de limpeza

чысцячы сродак

vendedora

прадавец

caixa

каса

caixa

касір

lista de compras

спіс пакупак

horário de funcionamento

гадзіны працы

carteira

бумажнік

cartão de crédito

крэдытная картка

saco

сумка

saco de plástico

пакет

supermercado - супермаркет

água

вада

sumo

сок

leite

малако

coca-cola

кола

vinho

віно

cerveja

піва

álcool

алкаголь

cacau

какава

chá

гарбата (чай)

café

кава

café expresso

эспрэса

capuccino

капучына

banana

банан

maçã

яблык

laranja

апельсін

melão

дыня

limão

лімон

cenoura

морква

alho

часнок

bambu

бамбук

cebola

цыбуля

cogumelo

грыб

nozes

арэхі

talharim

локшына

esparguete

спагеці

arroz

рыс

salada

салата

batatas fritas

бульба фры

batatas fritas

смажаная бульба

pizza

піца

hambúrguer

гамбургер

sanduíche

бутэрброд

bife panado

шніцаль

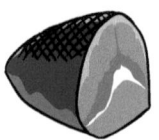

fiambre

вяндліна

salame

салямі

salsicha

каўбаса

galinha

курыца

assado

смажаніна

peixe

рыбак

flocos de aveia

аўсяныя камякі

muesli

мюслі

flocos de milho

кукурузныя шматкі

farinha

мука

croissant

круасан

carcaça (pãozinho)

булачка

pão

хлеб

torrada

тост

biscoitos

пячэнне

manteiga

масла

requeijão

тварог

bolo

пірог

ovo

яйка

ovo estrelado

яечня

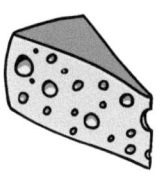

queijo

сыр

gelado

марожанае

açúcar

цукар

mel

мёд

compota

варэнне

creme de nougat

нуга

caril

кары

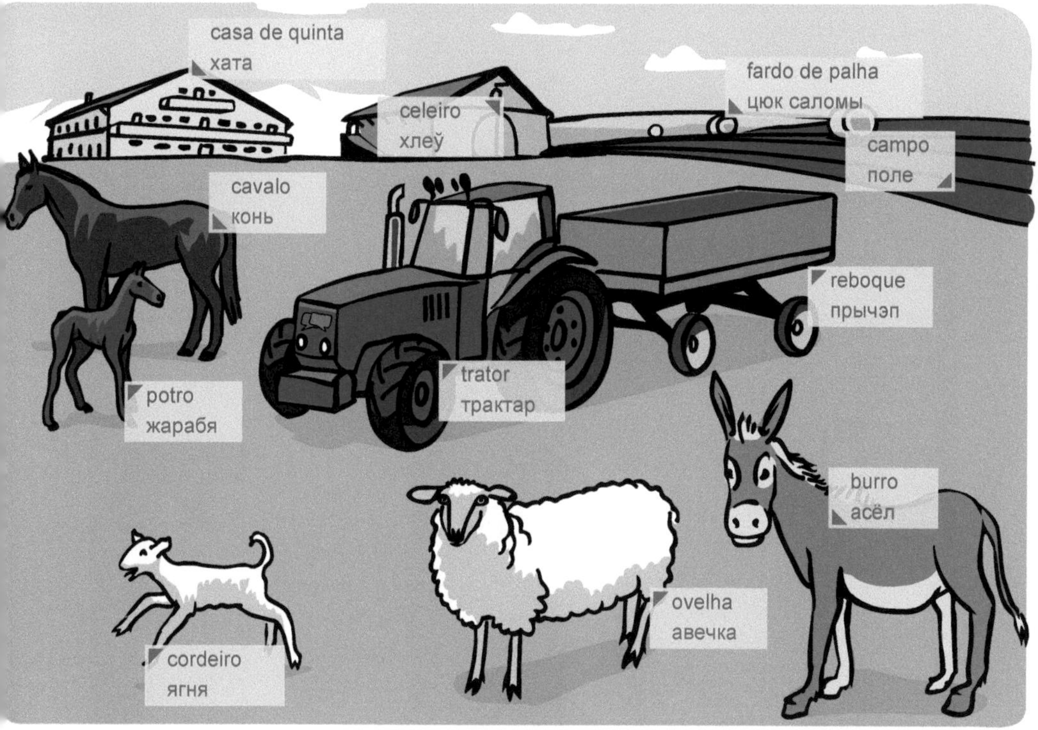

casa de quinta
хата

celeiro
хлеў

fardo de palha
цюк саломы

campo
поле

cavalo
конь

reboque
прычэп

potro
жарабя

trator
трактар

burro
асёл

cordeiro
ягня

ovelha
авечка

cabra

каза

vaca

карова

bezerro

цяля

porco

свіння

leitão

парася

touro

бык

ganso

гусак

pato

качка

pintaínho

кураня

galinha

курыца

galo

певень

ratazana

пацук

gato

кот

rato

мыш

boi

вол

cão

сабака

casota

сабачая будка

mangueira de jardim

садовы шланг

regador

палівачка

foice

каса

arado

плуг

foice

серп

enxada

матыка

forquilha

вілы для гною

machado

сякера

carrinho de mão

тачка

manjedoura

карыта

jarro de leite

бітон для малака

saco

мех

cerca

плот

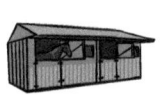

estábulo

хлеў

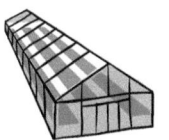

estufa

цяпліца

solo

глеба

semente

насенне

fertilizante

угнаенне

ceifeira-debulhadora

камбайн

colher

збіраць ураджай

colheita

ураджай

inhame

ямс

trigo

пшаніца

soja

соя

batata

бульба

milho

кукуруза

colza

рапс

árvore de fruto

садовае дрэва

mandioca

маніёк

cereais

збожжа

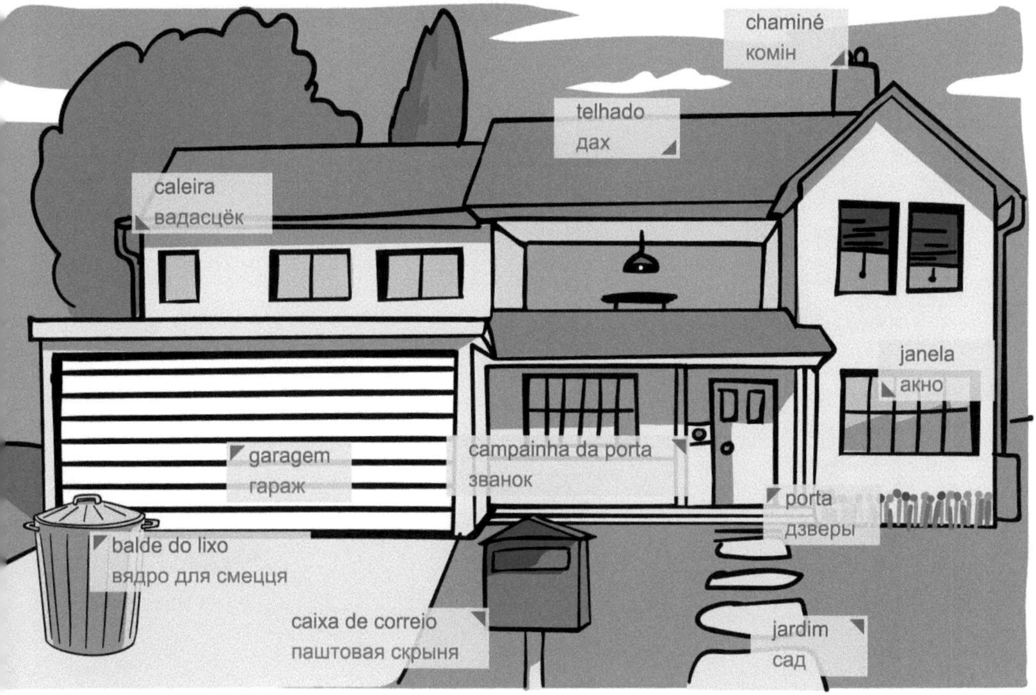

chaminé
комін

telhado
дах

caleira
вадасцёк

janela
акно

garagem
гараж

campainha da porta
званок

porta
дзверы

balde do lixo
вядро для смецця

caixa de correio
паштовая скрыня

jardim
сад

sala de estar

жылы пакой

casa de banho

ванная

cozinha

кухня

quarto de dormir

спальны пакой

quarto de criança

дзіцячы пакой

sala de jantar

сталоўка

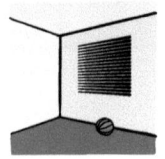

chão

падлога

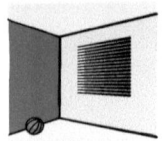

parede

сцяна

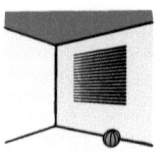

teto

столь

cave

падвал

sauna

саўна

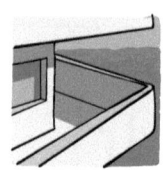

varanda

балкон

terraço

тэраса

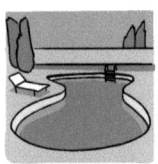

piscina

басейн

máquina de cortar relvado

касілка

lençol

падкоўдранік

cobertor

коўдра

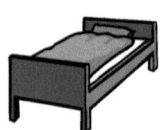

cama

ложак

vassoura

венік

balde

вядро

interruptor

выключальнік

sala de estar
жылы пакой

papel de parede
шпалеры
imagem
малюнак
lâmpada
лямпа
prateleira
паліца
armário
шафа
televisão
тэлевізар
lareira
камін
flor
кветка
almofada
падушка
sofá
канапа
vaso
ваза
controlo remoto
пульт

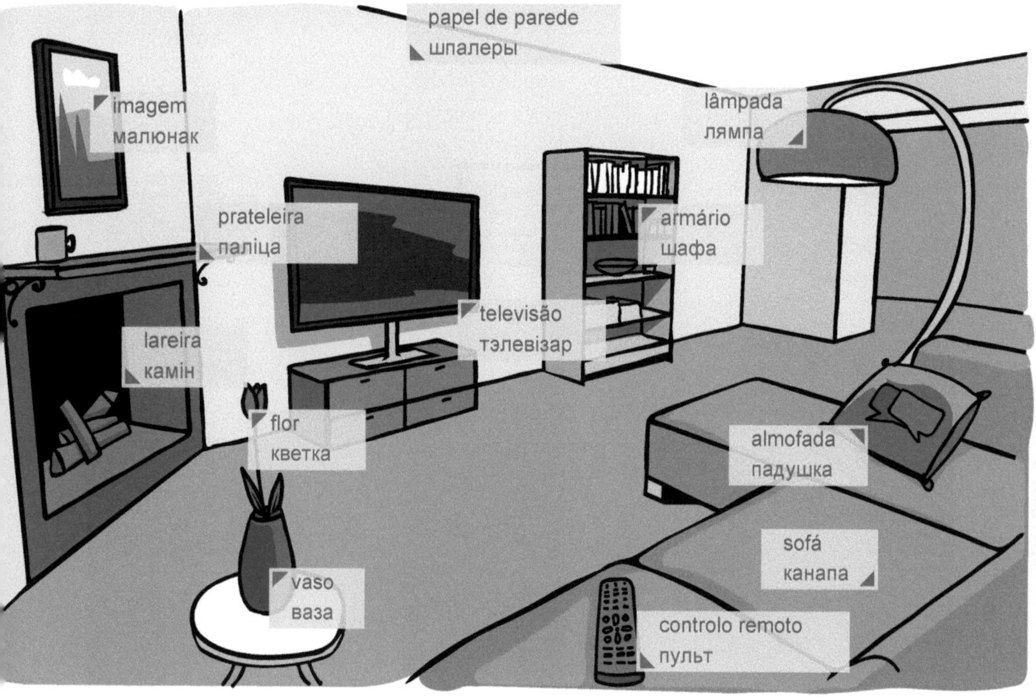

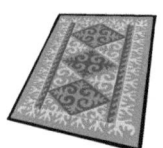

tapete
дыван

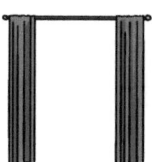

cortina
фіранка

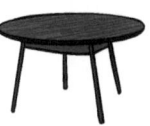

mesa
стол

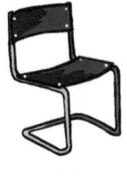

cadeira
крэсла

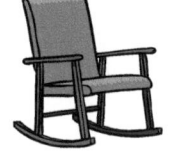

cadeira de baloiço
крэсла-качалка

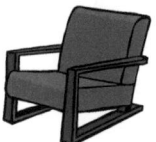

poltrona
крэсла

livro

кніга

cobertor

коўдра

decoração

дэкарацыя

lenha

дровы

filme

кіно

sistema estéreo

стэрэасістэма

chave

ключ

jornal

газета

pintura

карціна

póster

постар

rádio

радыё

bloco de notas

нататнік

aspirador

пыласос

cato

кактус

vela

свечка

cozinha
кухня

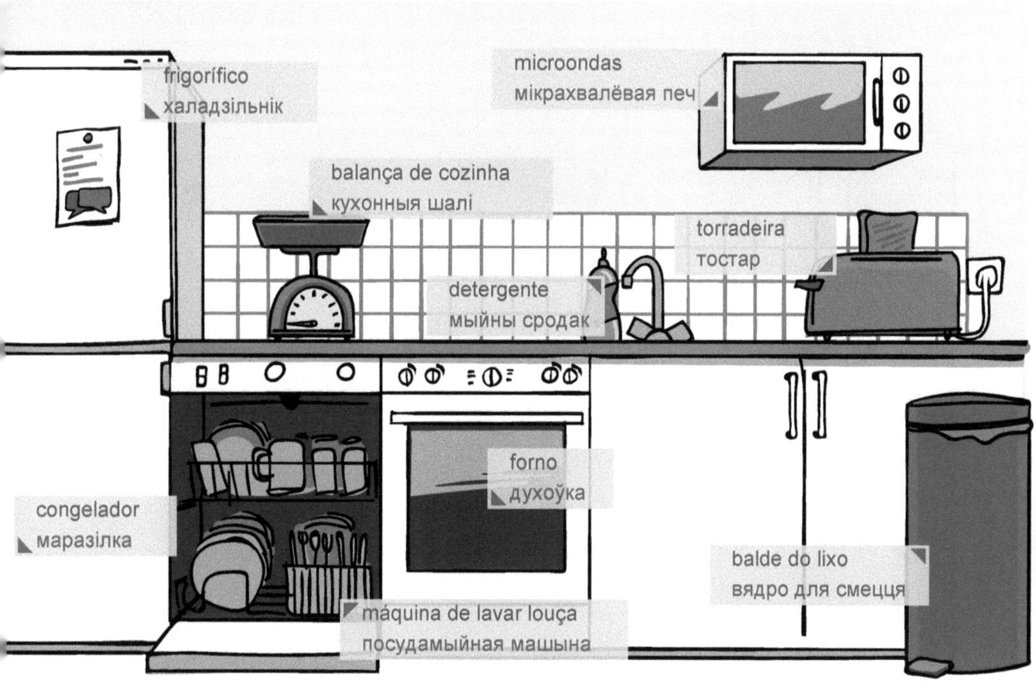
frigorífico
халадзільнік
microondas
мікрахвалёвая печ
balança de cozinha
кухонныя шалі
torradeira
тостар
detergente
мыйны сродак
forno
духоўка
congelador
маразілка
balde do lixo
вядро для смецця
máquina de lavar louça
посудамыйная машына

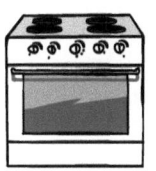

fogão

пліта

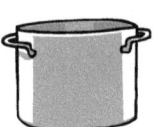

panela

рондаль

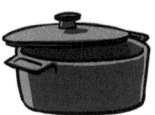

panela de ferro

чыгунок

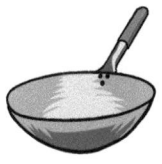

wok / kadai

Вок / кадаі

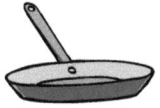

frigideira

патэльня

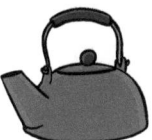

chaleira

чайнік

panela a vapor

параварка

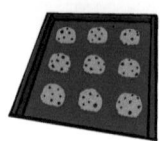

tabuleiro de forno

бляха

louça

посуд

caneca

кубак

tigela

міска

pauzinhos

палачкі для ежы

concha de sopa

чарпак

espátula

лапатачка

batedor de claras

збівалка

escorredor

сіта для варэння

peneira

сіта

ralador

тарка

almofariz

ступка

churrasqueira

грыль

lareira

вогнішча

tábua de cortar

дошка

rolo da massa

качалка

saca-rolhas

штопар

lata

бляшанка

abridor de latas

адкрывалка

luvas de forno

прыхваткі

lava-loiça

ракавіна

escova

шчотка

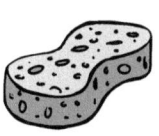

esponja

губка

liquidificador

міксер

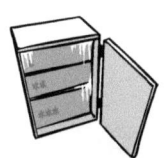

arca frigorífica

маразільная камера

biberão

бутэлечка

torneira

вадаправодны кран

casa de banho

ванная

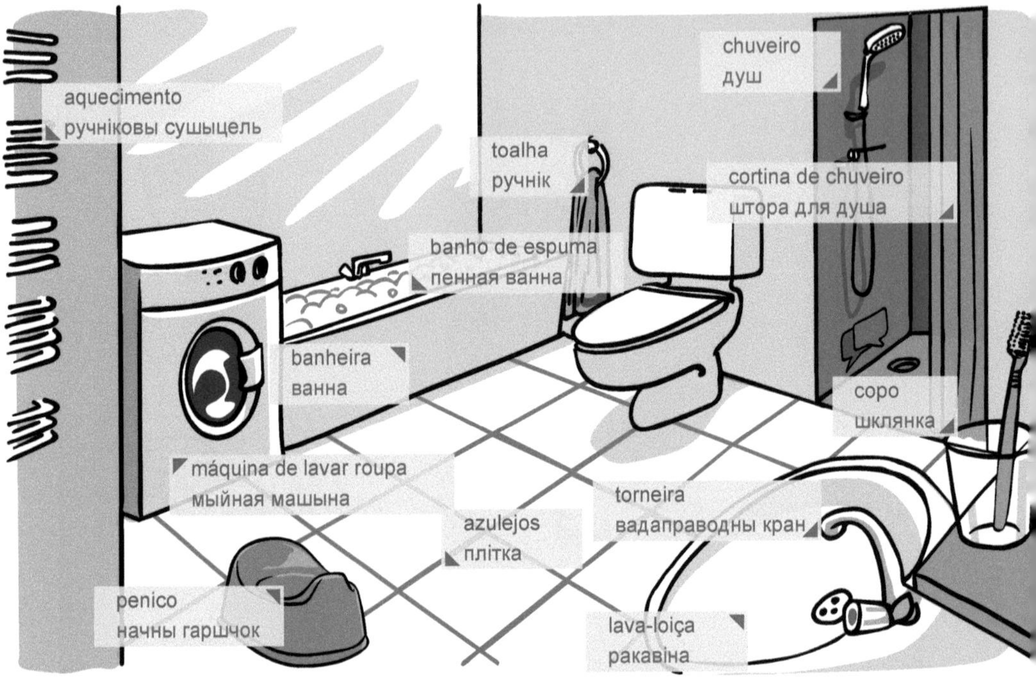

aquecimento
ручніковы сушыцель
toalha
ручнік
chuveiro
душ
cortina de chuveiro
штора для душа
banho de espuma
пенная ванна
banheira
ванна
copo
шклянка
máquina de lavar roupa
мыйная машына
torneira
вадаправодны кран
azulejos
плітка
penico
начны гаршчок
lava-loiça
ракавіна

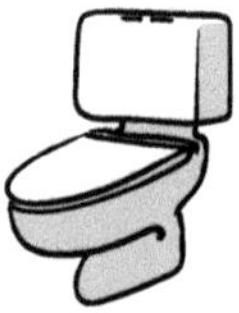

sanita

туалет

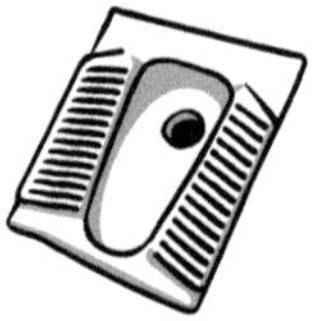

retrete turca

падлогавы ўнітаз

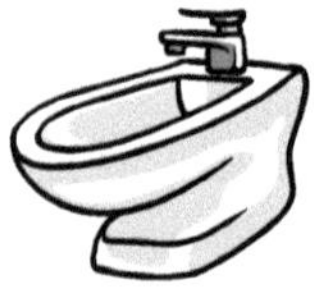

bidé

бідэ

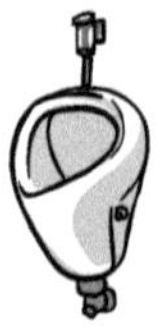

urinol

пісуар

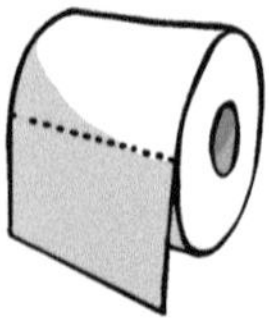

papel higiénico

туалетная папера

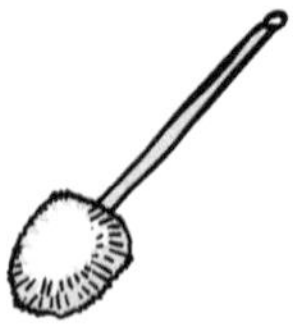

piaçaba

шчотка для чысткі ўнітаза

escova de dentes

зубная шчотка

pasta de dentes

зубная паста

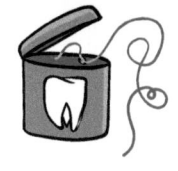

fio dentário

зубная нітка

lavar

мыць

chuveiro de mão

ручны душ

duche íntimo

інтымны душ

bacia

умывальнік

escova para as costas

шчотка для спіны

sabonete

мыла

gel de banho

гель для душа

champô

шампунь

toalha de rosto

вяхотка

escoamento

вадасцёк

creme

крэм

desodorizante

дэзадарант

espelho

люстэрка

espelho de mão

касметычнае люстэрка

máquina de barbear

станок для галення

creme de barbear

пена для галення

loção pós-barba

ласьён пасля галення

pente

грэбень

escova

шчотка

secador de cabelo

фен

spray de cabelo

лак для валасоў

maquilhagem

касметыка

batom

памада

verniz de unhas

лак для пазногцяў

algodão

вата

tesoura para unhas

манікюрныя нажніцы

perfume

духі

nécessaire

касметычка

tamborete

табурэтка

balança

вагі

roupão de banho

лазневы халат

luvas de borracha

санітарныя пальчаткі

tampão

тампон

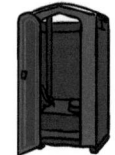

penso higiénico

гігіенічныя пракладкі

WC químico

біятуалет

quarto de criança
дзіцячы пакой

despertador
будзільнік
peluche
мяккая цацка
carro de brincar
цацачная машынка
chocalho
бразготка
casa de bonecas
лялечны домік
presente
падарунак

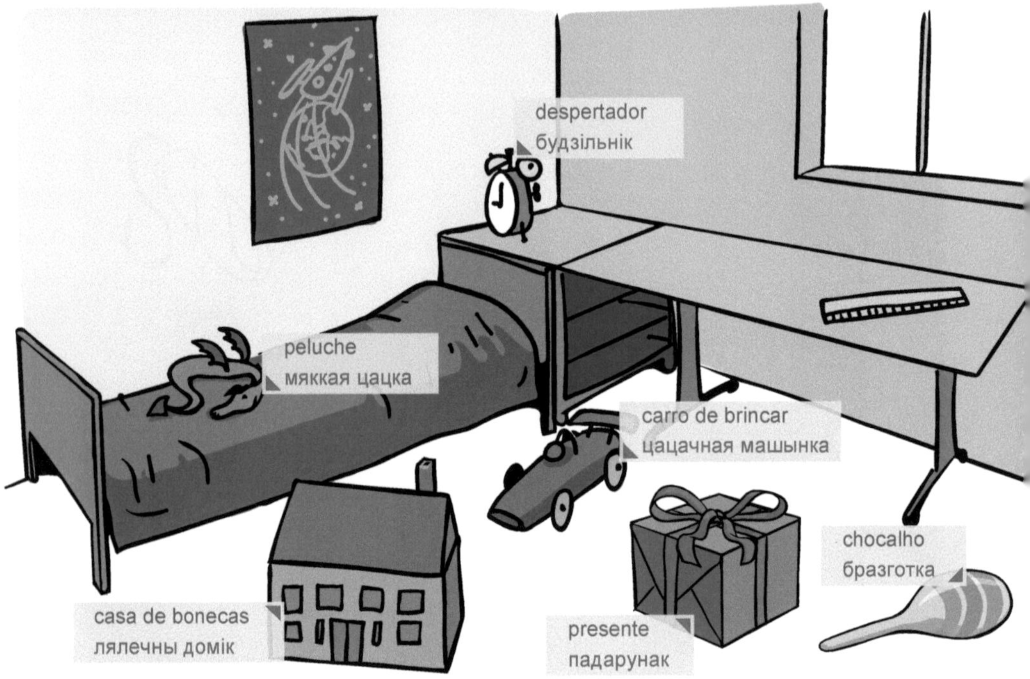

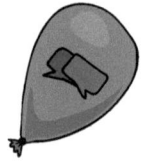

balão

надзіманы шарык

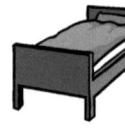

cama

ложак

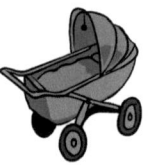

carrinho de bebé

дзіцячая каляска

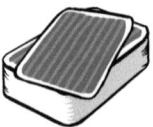

jogo de cartas

калода картаў

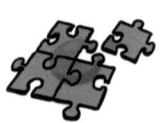

quebra-cabeças

пазл

banda desenhada

комікс

peças de Lego

канструктар "Лега"

blocos de construção

канструктар

figura de ação

экшэн-фігурка

fato de bebé

дзіцячы гарнітур

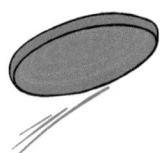

Frisbee

фрызбі

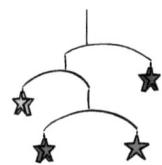

móbile para bebé

дзіцячы мабіль

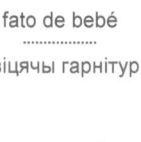

jogo de tabuleiro

настольная гульня

dados

кубік

pista de comboio elétrico

дзіцячая чыгунка

chupeta

пустышка

festa

дзіцячае свята

livro ilustrado

кніга з малюнкамі

bola

мячык

boneca

лялька

jogar

гуляцца

caixa de areia

пясочніца

baloiço

арэлі

brinquedos

цацкі

consola de jogos

гульнявая відэа прыстаўка

triciclo

трохколавы ровар

ursinho de peluche

плюшавы мішка

guarda-roupa

шафа

vestuário

адзенне

meias

шкарпэткі

meias pelo joelho

панчохі

meias-calças

калготкі

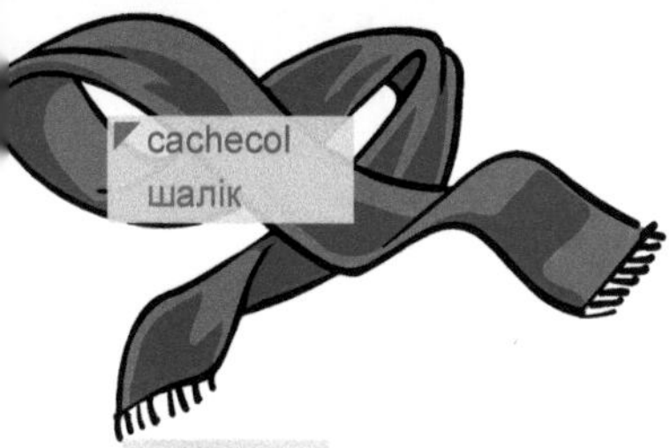

cachecol
шалік

guarda-chuva
парасон

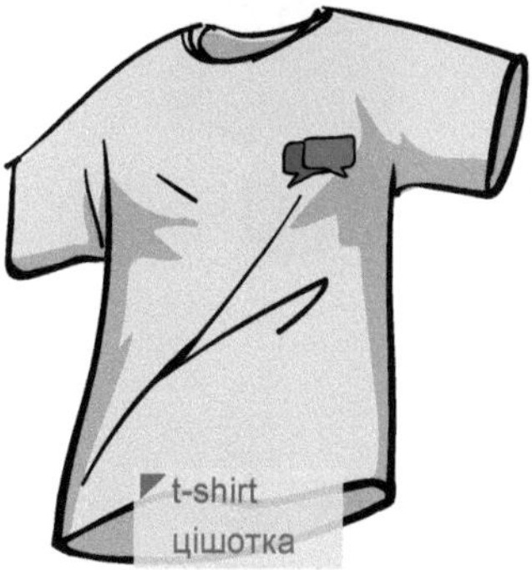

t-shirt
цішотка

cinto
рамень

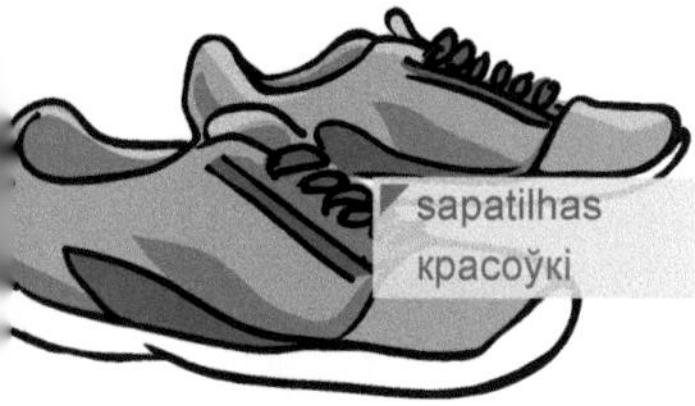

botas
боты

chinelos
пантоплі

sapatilhas
красоўкі

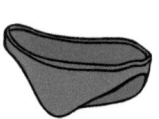

sandálias

......

сандалі

sapatos

......

абутак

botas de borracha

......

гумовыя боты

cuecas

......

трусы

sutiã

......

бюстгальтар

camisola interior

......

майка

vestuário - адзенне

body

бодзі

calças

штаны

calças de ganga

джынсы

saia

спадніца

blusa

блузка

camisa

кашуля

pulôver

джэмпер

camisola com capuz

талстоўка

blazer

блэйзер

casaco

куртка

manto

паліто

gabardina

дажджавік

traje

касцюм

vestido

сукенка

vestido de casamento

вясельная сукенка

fato

касцюм

camisa de dormir

начная сарочка

pijama

піжама

sari

сары

lenço de cabeça

хустка

turbante

цюрбан

burca

паранджа

cafetã

кафтан

abaya

Абая

fato de banho

купальнік

calções de banho

плаўкі

calções

шорты

fato de treino

спартыўны касцюм

avental

фартух

luvas

пальчаткі

botão

гузік

óculos

акуляры

pulseira

бранзалет

colar

каралі

anel

кальцо

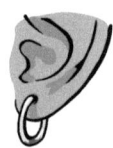

brinco

завушніца

boné

кепка

cabide

вешалка

chapéu

капялюш

gravata

гальштук

fecho de correr

маланка

capacete

шлем

suspensórios

падцяжкі

uniforme escolar

школьная форма

uniforme

уніформа

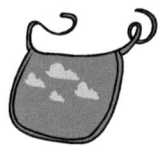

babete

нагруднік

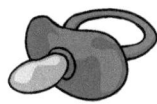

chupeta

пустышка

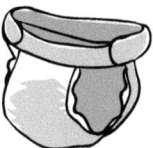

fralda

падгузнік

escritório

офіс

servidor
сервер
armário de arquivo
канцылярская шафа
impressora
прынтэр
papel
папера
ecrã
манітор
rato
мыш
secretária
пісьмовы стол
pasta
тэчка
teclado
клавіятура
cesto de lixo
смеццевы кошык
computador
кампутар
cadeira
крэсла

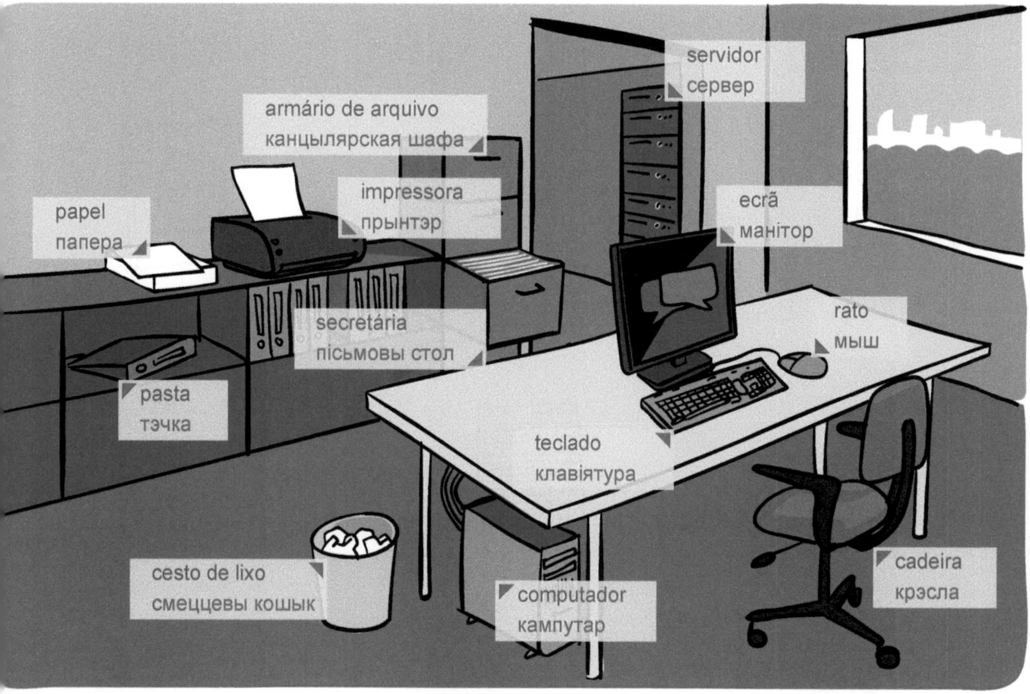

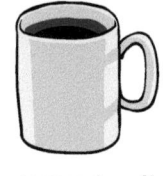

caneca de café

кубак для кавы (філіжанка)

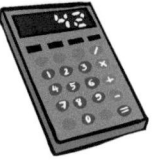

calculadora

калькулятар

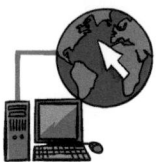

internet

інтэрнэт

computador portátil

ноўтбук

carta

ліст

mensagem

паведамленне

telemóvel

мабільны тэлефон

rede

сетка

fotocopiadora

ксеракс

software

праграмнае забеспячэнне

telefone

тэлефон

tomada elétrica

разетка

fax

факс

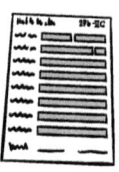

formulário

фармуляр

documento

дакумент

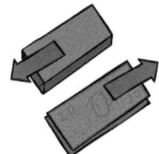

comprar
купляць

pagar
плаціць

negociar
гандляваць

dinheiro
грошы

dólar
долар

euro
еўра

yen
ена

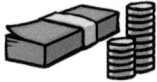

rublo
рубель

franco suíço
франк

renminbi yuan
кітайскі юань

rupia
рупія

caixa de multibanco
банкамат

casa de câmbio

абменны пункт

ouro

золата

prata

срэбра

petróleo

нафта

energia

энергія

preço

цана

contrato

кантракт

imposto

падатак

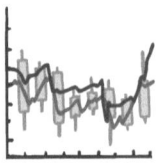

ação

акцыя

trabalhar

працаваць

empregado

служачы

entidade patronal

працадаўца

fábrica

фабрыка

loja

крама

agente da polícia
паліцыянт

bombeiro
пажарны

cozinheiro
кухар

médico
доктар

piloto
пілот

jardineiro

садоўнік

carpinteiro

слесар

costureira

швачка

juiz

суддзя

químico

хімік

ator

артыст

motorista de autocarro	motorista de táxi	pescador
кіроўца аўтобуса	таксіст	рыбак

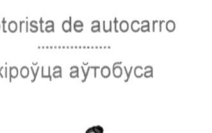

empregada de limpeza	telhador	empregado de mesa
прыбіральшчыца	страхар	афіцыянт

caçador	pintor	padeiro
паляўнічы	мастак	пекар

eletricista	construtor	engenheiro
электрык	будаўнік	інжынер

talhante	canalizador	carteiro
мяснік	сантэхнік	паштальён

soldado

салдат

arquiteto

архітэктар

caixa

касір

florista

фларыст

cabeleireiro

цырульнік

controlador de bilhetes

кандуктар

mecânico

механік

capitão

капітан

dentista

стаматолаг

cientista

вучоны

rabino

рабін

imã

імам

monge

манах

pastor

святар

ferramentas
інструменты

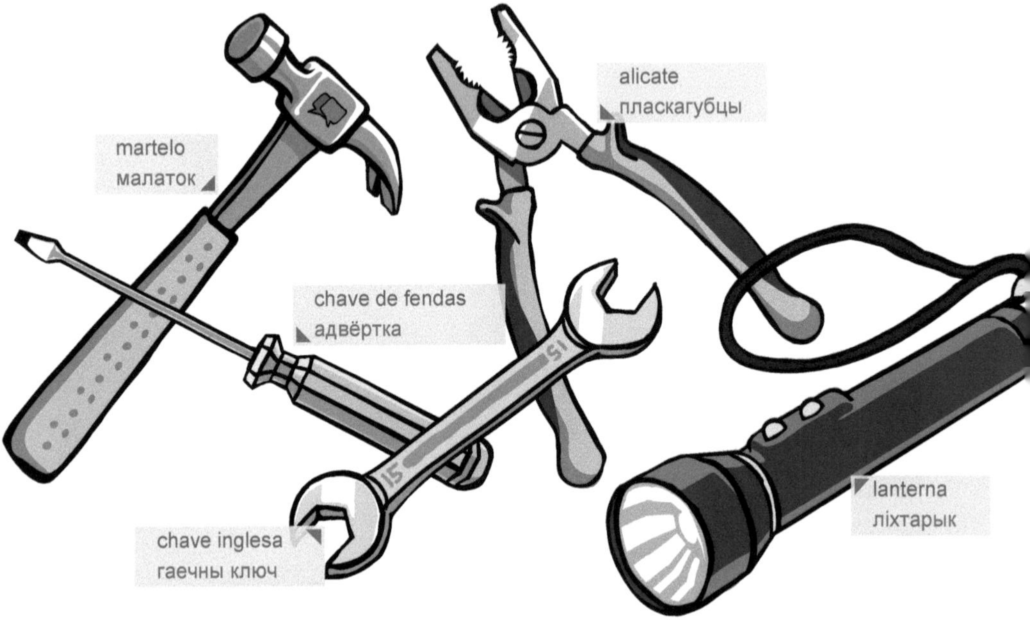
alicate
пласкагубцы
martelo
малаток
chave de fendas
адвёртка
lanterna
ліхтарык
chave inglesa
гаечны ключ

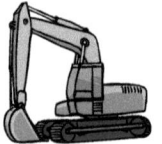

escavadora

экскаватар

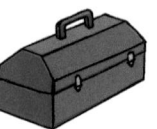

caixa de ferramentas

скрыня для інструментаў

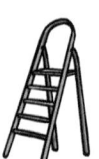

escadote

дравіны

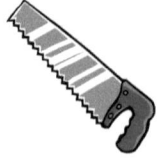

serra

піла

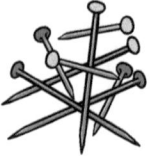

pregos

цвікі

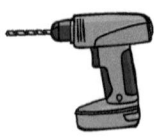

broca

дрыль

reparar

рамантаваць

pá

рыдлеўка

porcaria!

Халера!

pá de lixo

шуфлік для смецця

pote de tinta

вядро з фарбаю

parafusos

балты

instrumentos musicais
музычныя інструменты

bateria
ударны інструмент

altifalante
калонкі

guitarra
гітара

contrabaixo
кантрабас

trompete
труба

piano

піяніна

violino

скрыпка

baixo

басгітара

timbales

літаўры

tambor

барабан

teclado

клавішны электрамузычны інструмент

saxofone

саксафон

flauta

флейта

microfone

мікрафон

jardim zoológico

заапарк

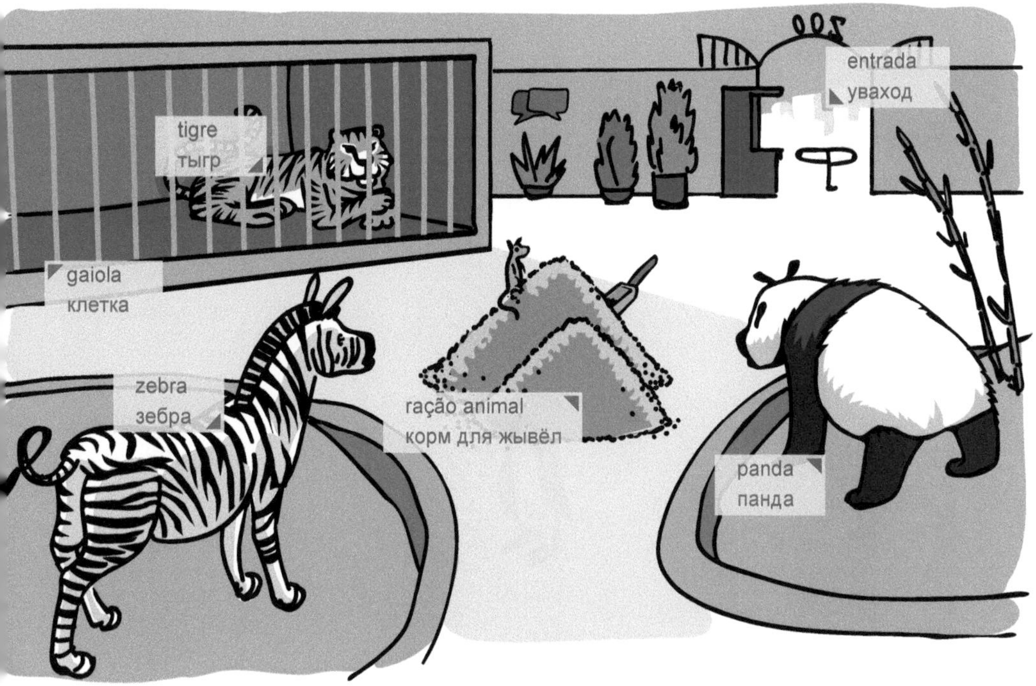
entrada
уваход
tigre
тыгр
gaiola
клетка
zebra
зебра
ração animal
корм для жывёл
panda
панда

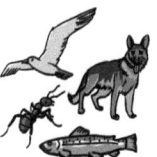

animais
жывёлы

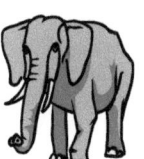

elefante
слон

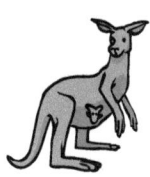

canguru
кенгуру

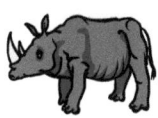

rinoceronte
насарог

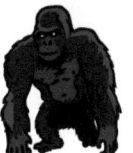

gorila
гарыла

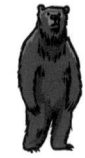

urso
мядзведзь

camelo

вярблюд

avestruz

стравус

leão

леў

macaco

малпа

flamingo

фламінга

papagaio

папугай

urso polar

белы мядзведзь

pinguim

пінгвін

tubarão

акула

pavão

паўлін

cobra

змяя

crocodilo

кракадзіл

guarda do jardim zoológico

наглядчык заапарка

foca

цюлень

jaguar

ягуар

pónei

поні

leopardo

леапард

hipopótamo

бегемот

girafa

жыраф

águia

арол

javali

дзік

peixe

рыбак

tartaruga

чарапаха

morsa

морж

raposa

ліса

gazela

газель

futebol americano
амерыканскі футбол

ciclismo
веласпорт

ténis
тэніс

basquetebol
баскетбол

natação
плаванне

boxe
бокс

hóquei no gelo
хакей з шайбай

futebol
футбол

badminton
бадмінтон

atletismo
лёгкая атлетыка

andebol
гандбол

esqui
горныя лыжы

polo
пола

atividades
дзейнасць

rir
смяяцца
saltar
скакаць
abraçar
абдымаць
andar
ісці
cantar
спяваць
sonhar
марыць
rezar
маліцца
beijar
цалаваць

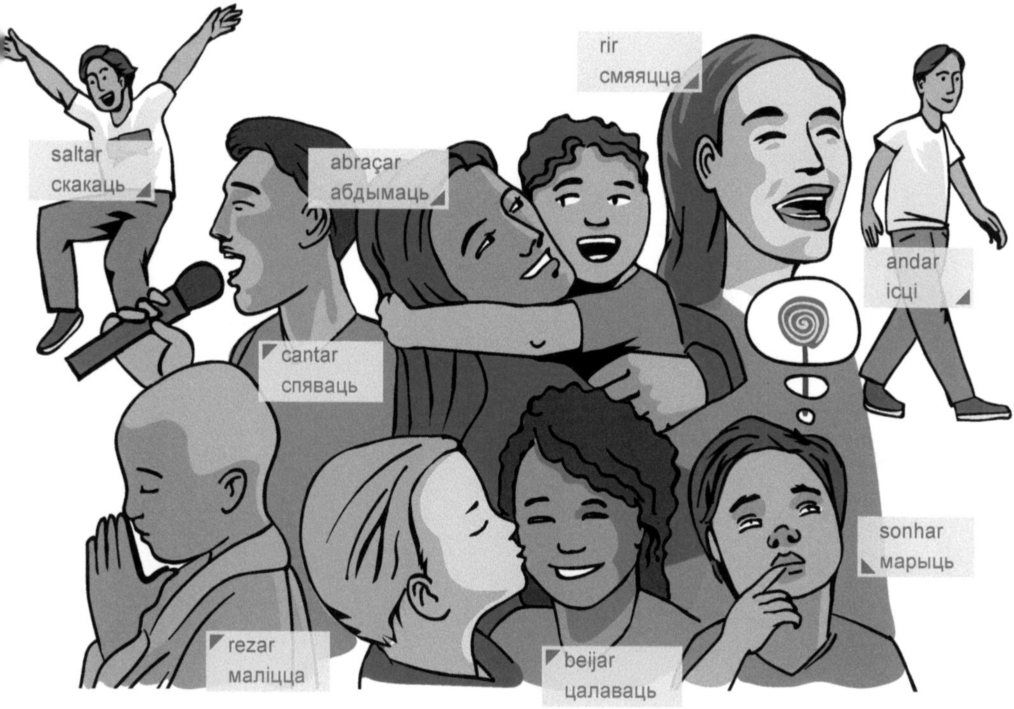

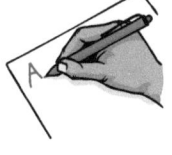

escrever

пісаць

desenhar

маляваць

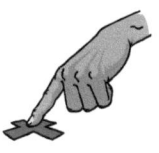

mostrar

паказваць

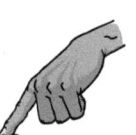

empurrar

націснуць

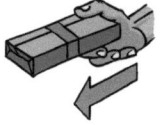

dar

даваць

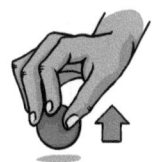

tomar

браць

ter

маць

fazer

выконваць

ser

быць

ficar de pé

стаяць

correr

бегчы

puxar

цягнуць

remessar

кідаць

cair

падаць

deitar

ляжаць

esperar

чакаць

carregar

насіць

sentar

сядзець

vestir

апранацца

dormir

спаць

acordar

прачынацца

olhar para

глядзець

chorar

плакаць

acariciar

лашчыць

pentear

прычэсвацца

falar

гаварыць

compreender

разумець

perguntar

пытаць

ouvir

чуць

beber

піць

comer

есці

arrumar

прыбіраць

amar

кахаць

cozinhar

гатаваць

conduzir

ехаць

voar

лятаць

velejar

плаваць пад ветразем

calcular

лічыць

ler

чытаць

aprender

вучыць

trabalhar

працаваць

casar

уступаць у шлюб

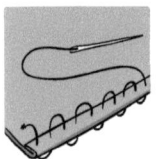

costurar

шыць

escovar os dentes

чысціць зубы

matar

забіваць

fumar

курыць

enviar

пасылаць

avó
бабуля

avô
дзядуля

раі
бацька

mãe
маці

bebé
дзіця

filha
дачка

filho
сын

convidado
········
госць

tia
········
цётка

tio
········
дзядзька

irmão
········
брат

irmã
········
сястра

corpo

цела

testa
лоб
olho
вока
ombro
плячо
dedo
палец
cara
твар
queixo
падбародак
mão
рука
peito
грудзі
perna
нага
braço
рука

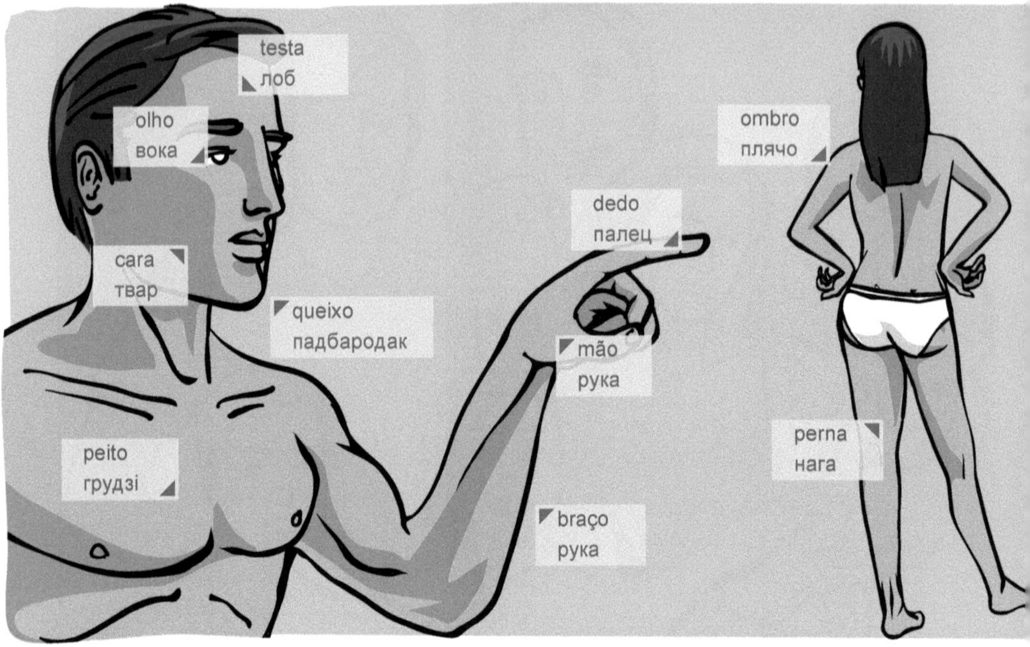

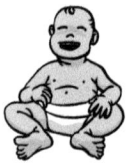

bebé
дзіця

homem
мужчына

mulher
жанчына

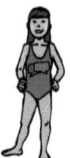

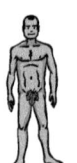

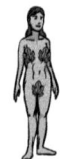

menina
дзяўчынка

menino
хлопчык

cabeça
галава

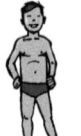

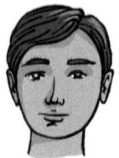

costas

спіна

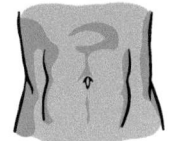

barriga

жывот

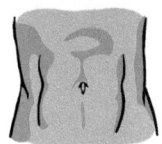

umbigo

пуп

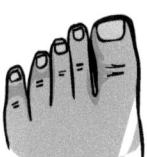

dedo do pé

палец нагі

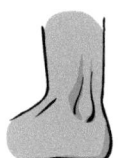

calcanhar

пятка

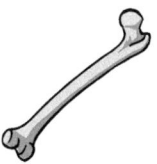

osso

костка

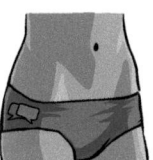

anca

бядро

joelho

калена

cotovelo

локаць

nariz

нос

nádegas

ягадзіца

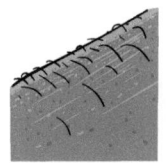

pele

скура

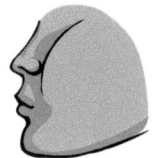

bochecha

шчака

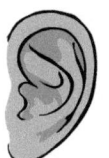

orelha

вуха

lábio

губа

boca

рот

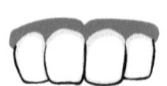

dente

зуб

língua

язык

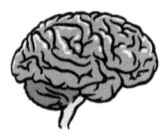

cérebro

галаўны мозг

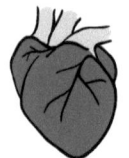

coração

сэрца

músculo

мышца

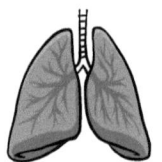

pulmão

лёгкае

fígado

пячонка

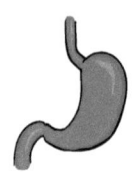

estômago

страўнік

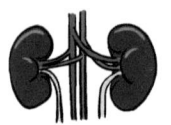

rins

ныркі

relações sexuais

сэкс

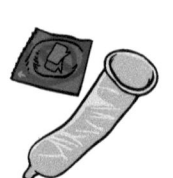

preservativo

прэзерватыў

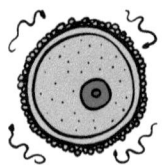

óvulo

яйцаклетка

esperma

сперма

gravidez

цяжарнасць

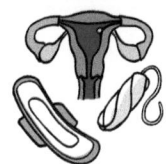

menstruação

менструацыя

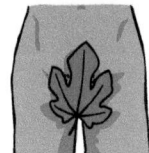

vagina

похва

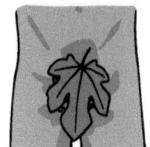

pénis

пеніс

sobrancelha

брыво

cabelo

валасы

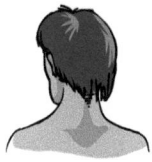

pescoço

шыя

hospital
шпіталь

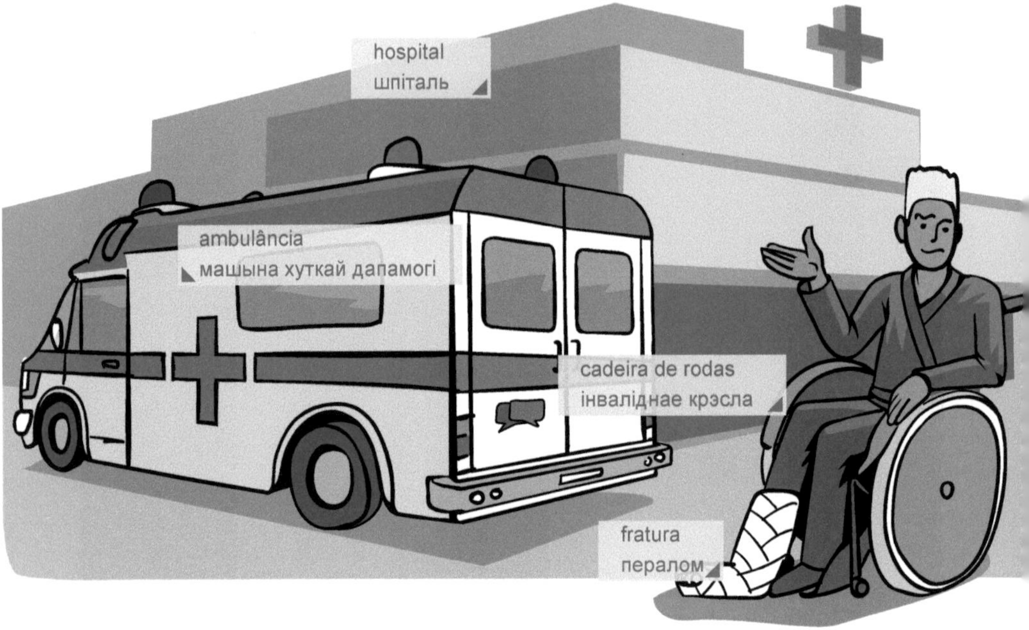

hospital
шпіталь
ambulância
машына хуткай дапамогі
cadeira de rodas
інваліднае крэсла
fratura
пералом

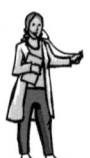

médico

доктар

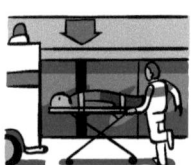

serviço de urgências

аддзяленне першай дапамогі

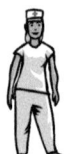

enfermeira

медсястра

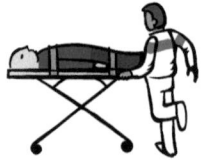

emergência

экстраная дапамога

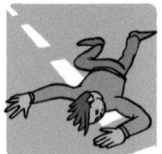

inconsciente

непрытомны

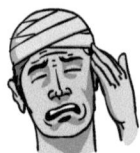

dor

боль

ferimento

траўма

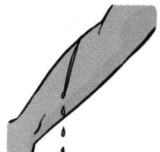

hemorragia

крывацёк

ataque cardíaco

інфаркт

acidente vascular cerebral

апаплексія

alergia

алергія

tosse

кашаль

febre

гарачка

gripe

грып

diarreia

панос

dor de cabeça

галаўны боль

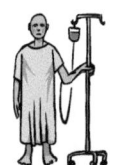

cancro

рак

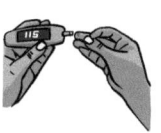

diabetes

дыябет

cirurgião

хірург

bisturi

скальпель

operação

аперацыя

CT
КТ

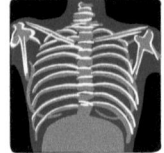

raio x
рэнтген

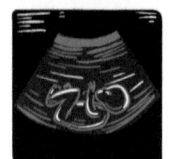

ultrassom
ультрагук

máscara
маска

doença
хвароба

sala de espera
пачакальня

muleta
мыліца

penso rápido
пластыр

ligadura
бінт

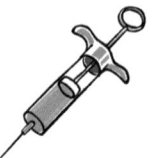

injeção
ін'екцыя

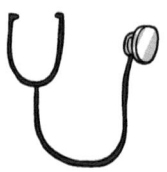

estetoscópio
стэтаскоп

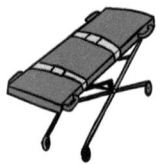

maca
насілкі

termómetro
градуснік

nascimento
нараджэнне

excesso de peso
лішняя вага

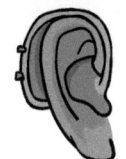

aparelho auditivo

слухавы апарат

desinfetante

дэзінфекцыйны сродак

infeção

інфекцыя

vírus

вірус

HIV / SIDA

ВІЧ/СНІД

medicamento

лекі

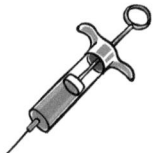

vacinação

прышчэпка

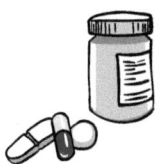

comprimidos

таблеткі

pílula

супрацьзачаткавая
таблетка

chamada de emergência

экстраны выклік

dispositivo de medição de
pressão arterial

танометр

doente / saudável

хворы / здаровы

Socorro!

Ратуйце!

alarme

сігналізацыя

assalto

напад

ataque

атака

perigo

небяспека

saída de emergência

аварыйны выхад

Fogo!

Пажар!

extintor de incêndios

вогнетушыцель

acidente

аварыя

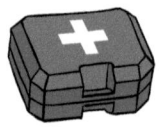

estojo de primeiros socorros

аптэчка

SOS

СОС

polícia

паліцыя

Europa

Еўропа

América do Norte

Паўночная Амерыка

América do Sul

Паўднёвая Амерыка

África

Афрыка

Ásia

Азія

Austrália

Аўстралія

Atlântico

Атлантычны акіян

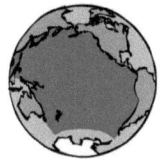

Pacífico

Ціхі акіян

Oceano Índico

Індыйскі акіян

Oceano Antártico

Паўднёвы ледавіты акіян

Oceano Ártico

Паўночны ледавіты акіян

Polo Norte

Паўночны полюс

Polo Sul

Паўднёвы полюс

Antártica

Антарктыда

terra

Зямля

país

краіна

mar

мора

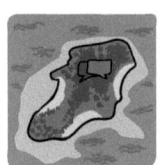

ilha

востраў

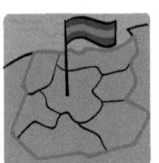

nação

нацыя

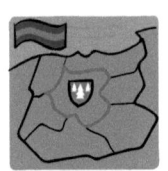

estado

дзяржава

mostrador do relógio

цыферблат

ponteiro das horas

гадзінная стрэлка

ponteiro dos minutos

хвілінная стрэлка

ponteiro dos segundos

секундная стрэлка

Que horas são?

Колькі часу?

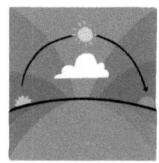

dia

дзень

tempo

час

agora

зараз

relógio digital

электронны гадзіннік

minuto

хвіліна

hora

гадзіна

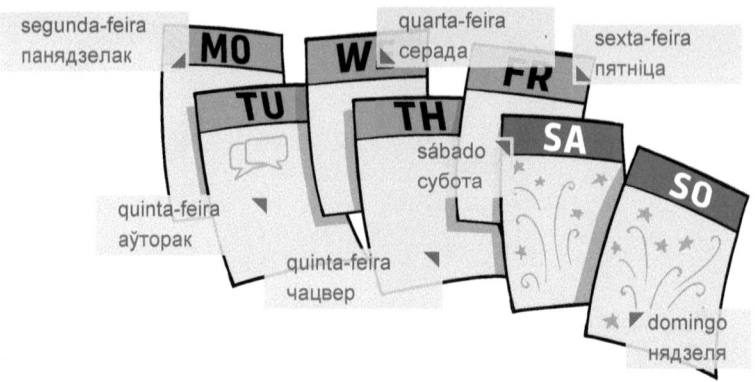

segunda-feira
панядзелак

quarta-feira
серада

sexta-feira
пятніца

quinta-feira
аўторак

quinta-feira
чацвер

sábado
субота

domingo
нядзеля

ontem

ўчора

hoje

сёння

amanhã

заўтра

manhã

раніца

meio-dia

абед

entardecer

вечар

MO	TU	WE	TH	FR	SA	SU
1	2	3	4	5	6	7
8	9	10	11	12	13	14
15	16	17	18	19	20	21
22	23	24	25	26	27	28
29	30	31	1	2	3	4

dias úteis

працоўныя дні

MO	TU	WE	TH	FR	SA	SU
1	2	3	4	5	6	7
8	9	10	11	12	13	14
15	16	17	18	19	20	21
22	23	24	25	26	27	28
29	30	31	1	2	3	4

fim de semana

выхадныя

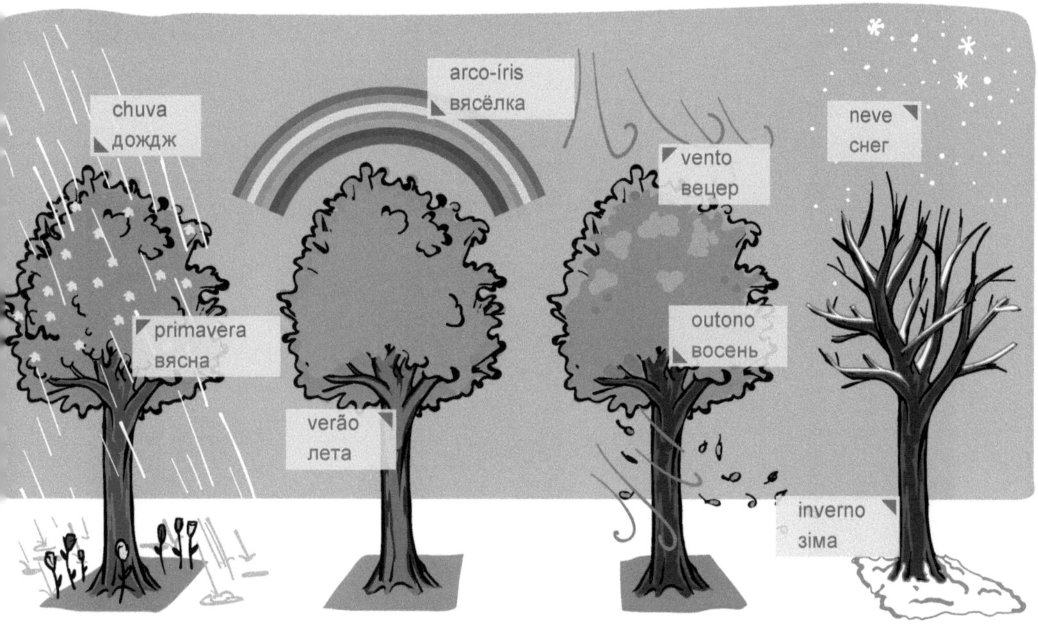

chuva
дождж
arco-íris
вясёлка
vento
вецер
neve
снег
primavera
вясна
outono
восень
verão
лета
inverno
зіма

4.APRIL 11°
5.APRIL 4°
6.APRIL 13°
7.APRIL 8°
8.APRIL 10°

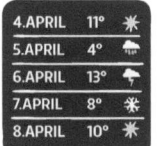

previsão do tempo

прагноз надвор'я

F C
120 90 60 30 0 -30
40 30 20 10 0 -10 -20

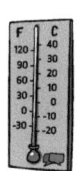

termómetro

градуснік

raios de sol

сонечнае святло

nuvem

воблака

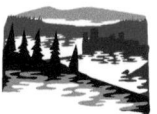

neblina / nevoeiro

туман

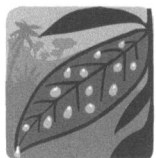

humidade do ar

вільготнасць паветра

relâmpago

маланка

trovão

гром

tempestade

бура

granizo

град

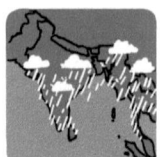

monção

мусонны вецер

inundação

прыліў

gelo

лёд

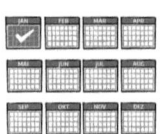

janeiro

студзень

fevereiro

люты

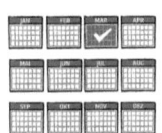

março

сакавік

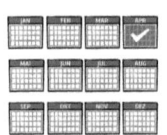

abril

красавік

maio

май

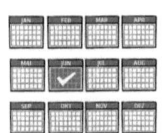

junho

чэрвень

julho

ліпень

agosto

жнівень

ano - год

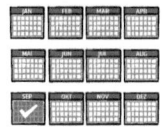

setembro

верасень

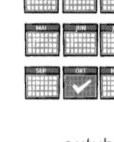

outubro

кастрычнік

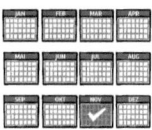

novembro

лістапад

dezembro

снежань

formas

формы

círculo

круг

quadrado

квадрат

retângulo

прамавугольнік

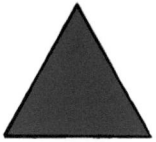

triângulo

трохвугольнік

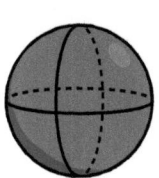

esfera

шар

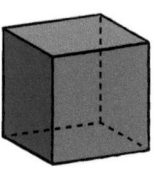

cubo

куб

branco

белы

amarelo

жоўты

laranja

аранжавы

rosa

ружовы

vermelho

чырвоны

lilás

фіялетавы

azul

сіні

verde

зялёны

castanho

карычневы

cinzento

шэры

preto

чорны

muito / pouco

шмат / мала

furioso / calmo

злы / добры

lindo / feio

прыгожы / брыдкі

princípio / fim

пачатак / канец

grande / pequeno

высокі / малы

claro / escuro

светлы / цёмны

irmão / irmã

сястра / брат

limpo / sujo

чысты / брудны

completo / incompleto

поўны / няпоўны

dia / noite

дзень / ноч

morto / vivo

мёртвы / жывы

largo / estreito

шырокі / вузкі

comestível / não comestível

ядомы / неядомы

mau / gentil

злы / добры

entusiasmado / entediado

узбуджаны / нудны

gordo / magro

тоўсты / тонкі

primeiro / último

першы / апошні

amigo / inimigo

сябар / вораг

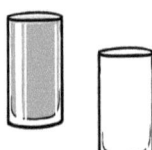

cheio / vazio

поўны / пусты

duro / macio

цвёрды / мяккі

pesado / leve

важкі / лёгкі

fome / sede

голад / смага

doente / saudável

хворы / здаровы

ilegal / legal

нелегальны / легальны

inteligente / burro

разумны / дурны

esquerda / direita

левы / правы

perto / longe

побач / далёка

novo / usado

новы / былы ва ўжыванні

nada / algo

нічога / нешта

velho / jovem

стары / малады

ligado / desligado

укл / выкл

aberto / fechado

адчынены / зачынены

baixo / alto

ціхі / гучны

rico / pobre

багаты / бедны

certo / errado

правільна / няправільна

áspero / liso

шурпаты / гладкі

triste / feliz

сумны / шчаслівы

curto / longo

кароткі / доўгі

lento / rápido

павольны / хуткі

molhado / seco

вільготны / сухі

ameno / fresco

цёплы / халаднаваты

guerra / paz

вайна / мір

0

zero

нуль

1

um

адзін

2

dois

два

3

três

тры

4

quatro

чатыры

5

cinco

пяць

6

seis

шэсць

7

sete

сем

8

oito

восем

9

nove

дзевяць

10

dez

дзесяць

11

onze

адзінаццаць

12
doze

дванаццаць

13
treze

трынаццаць

14
catorze

чатырнаццаць

15
quinze

пятнаццаць

16
dezasseis

шаснаццаць

17
dezassete

сямнаццаць

18
dezoito

васямнаццаць

19
dezanove

дзевятнаццаць

20
vinte

дваццаць

100
cem

сто

1.000
mil

тысяча

1.000.000
milhão

мільён

inglês

англійская

inglês americano

англійская (Амерыка)

chinês mandarim

кітайская мандарынская

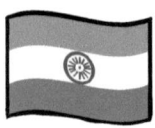

hindi

хіндзі

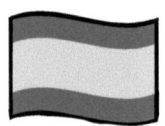

espanhol

іспанская

francês

французская

árabe

арабская

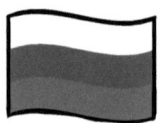

russo

руская

português

партугальская

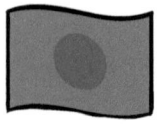

bengalês

бенгальская

alemão

нямецкая

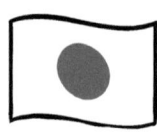

japonês

японская

eu

я

tu

ты

ele / ela

ён / яна / яно

nós

мы

vós

вы

eles / elas

яны

quem?

хто?

o quê?

што?

como?

як?

onde?

дзе?

quando?

калі?

nome

імя

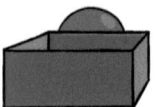

atrás

за

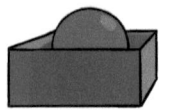

em

у

à frente de

перад

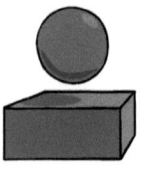

sobre

над

em cima

на

debaixo

пад

ao lado

каля

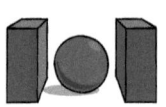

entre

паміж

lugar

месца